Género Ficción histórica

Pregunta esencial
¿Cómo nos afecta el tiempo?

I0794924

El verano más caluroso

Vanessa York
ilustrado por Lyle Leo Miller

Capítulo 1

Al fin llegó el verano

—¡Miren, salió el sol! —dijo Alberta a los gritos al mirar por la ventana del apartamento del tercer piso donde vivía con su mamá, su papá, su abuela y su hermanito, Frank.

Frank también corrió hacia la ventana para ver.

—Era hora de que el sol saliera —comentó la mamá—. Jamás pasamos un invierno tan largo y severo.

—Al menos todavía conservamos nuestros trabajos —agregó el papá—. Es más de lo que muchos pueden afirmar tras los tantos despidos que las fábricas debieron realizar.

La familia estaba en medio de la prisa matutina. Los niños estaban desayunando. La mamá ya había preparado los almuerzos. Le pasó el almuerzo al papá mientras este salía para ir a trabajar. La abuela estaba sentada zurciendo calcetines junto a su canasta con ropa para remendar.

Aquellos primeros días de verano fueron muy divertidos. Las temperaturas seguían subiendo. En julio, llegó una ola de calor. Día tras día, la temperatura alcanzaba los 98 grados. La gente estaba irritable a causa de las altas temperaturas. Los niños sacaban de quicio a la abuela al quejarse por el calor y el aburrimiento.

—¿Por qué no van a jugar en la fuente? —sugirió la abuela una tarde, cuando el calor pesaba más que nunca en su pequeño apartamento. Habían abierto las ventanas pero no corría brisa alguna para enfriar las habitaciones.

—¡¿Por qué no pensamos en eso antes?! —exclamó Alberta—. ¡Vayamos ahora mismo! Abuela, ¿tú también vendrás?

—Sí, quiero vigilarlos —dijo la abuela—. Espérenme mientras busco mi sombrero.

Pronto estaban caminando hacia el parque, donde había una gran fuente.

Caminaban lentamente porque la abuela se movía con dificultad debido al calor. Cuando llegaron a la fuente, ya había niños jugando dentro de ella. Al sumergir la mano en el agua, Alberta notó que estaba templada; no estaba fría en absoluto. Pero aun así parecía divertido. Frank ya se había quitado los zapatos y los calcetines.

—¡Vamos, Alberta! —dijo saltando por encima del borde de la fuente, y se sumó al resto de los niños, que estaban chapoteando y riendo.

Alberta ayudó a su abuela a sentarse en un banco cercano y después se quitó los zapatos y los calcetines. Estaba ansiosa por chapotear en el agua.

Alberta y Frank jugaron en la fuente hasta que su abuela los llamó para regresar a la casa.

—¿Podemos venir mañana otra vez? —preguntó Frank, poniéndose sus zapatos y calcetines de nuevo.

—Veremos —respondió la abuela. Se veía cansada y esto preocupó a Alberta.

—¿Estás bien, abuela? —preguntó mientras caminaban de regreso a casa. La abuela resoplaba, y su rostro estaba al rojo vivo. Alberta intentó abanicarla con la mano, pero solo logró malhumorarla.

—Estoy bien —afirmó la abuela—. ¡No se preocupen tanto! Solo tengo calor.

Capítulo 2

Cada vez más caluroso

La mañana siguiente, la temperatura era de 90 grados. Todos estaban cansados y malhumorados.

La leche estaba agria por el calor, y la mamá interrumpió bruscamente a Frank cuando este intentó contar un cuento divertido. Frank y Alberta discutían por tonterías. Al fin, el papá salió raudo hacia la fábrica automotriz, y la mamá se fue a la fábrica textil.

Durante el verano, la escuela estaba cerrada, y Alberta y Frank permanecían en casa. La abuela no se sentía bien por el calor, y la mamá quería que Alberta se quedara con ella.

Para Alberta fue un día largo y aburrido, encerrada en el agobiante apartamento. Envió a Frank a jugar con los hijos de los vecinos y ayudó a la abuela a adelantar con la eterna pila de ropa para remendar. "¡Preferiría estar en la escuela!", pensó. La abuela pasó el día sentada en su sillón, abanicándose. Cada tanto, se quejaba del calor.

La mamá volvió de trabajar. Se veía muy cansada.

—¡Santo cielo, qué calor! —comentó, sentándose con alivio—. ¡El termómetro de la fábrica marcó 103 grados! Y tres mujeres se desmayaron. El calor era demasiado. Incluso pensé que yo también me desmayaría esta tarde.

Alberta le dio a su madre un vaso con agua.

—Muchas gracias —dijo su mamá, bebiendo un sorbo agradecida—. Desearía que tuviéramos agua realmente fría, pero, de todos modos, esta agua está bien.

La puerta principal se abrió, y el papá entró. Se sentó pesadamente.

—Mañana no trabajaremos —anunció—. Hace demasiado calor. El jefe cerró la fábrica hasta que baje la temperatura. ¡Quién sabe cuándo será! ¡El pronóstico del tiempo dice que esta ola de calor podría durar semanas!

Todos se veían preocupados. Sin trabajo, no habría dinero, que apenas alcanzaba.

—Mañana saldré a conseguir algo —dijo el papá—. Tal vez encuentre un trabajo en algún lado.

El día siguiente amaneció en las mismas condiciones, caluroso y húmedo otra vez, y la temperatura seguía subiendo. La mamá se dirigió a su trabajo y el papá salió a buscar empleo. La abuela parecía estar un poco mejor e insistió en realizar algunos quehaceres.

—¡Abuela, oí que mamá te prohibió realizar los quehaceres! —dijo Alberta—. Últimamente, no te has sentido muy bien. Debes sentarte y descansar.

Pero la abuela siguió limpiando y la ignoró. Alberta suspiró. No solo se sentía acalorada y malhumorada, sino que ahora tenía que preocuparse aún más por su abuela.

La abuela se tambaleó y extendió la mano para estabilizarse.

—¿Estás bien, abuela? —preguntó Alberta, corriendo a su lado.

—Solo dame un minuto, querida; estoy segura de que estaré bien —aseguró la abuela, débilmente.

Estaba temblando. Alberta la ayudó a sentarse en su sillón.

—Siéntate aquí, abuela —dijo—. Te traeré un vaso con agua.

Cuando Alberta regresó de la cocina, vio que su abuela se sentía cada vez peor. Le dio el agua, y envió a Frank a humedecer un paño para ponerlo sobre la cabeza de la abuela.

—Abuela, pienso que estarás más cómoda si te acuestas —dijo Alberta—. Vamos, te llevaré a tu cama.

Llevarla hasta su cama tomó bastante tiempo porque estaba desorientada. Alberta puso el paño húmedo sobre la frente ardiente de su abuela.

—Frank, creo que la abuela necesita ir a un hospital —explicó Alberta—. ¡Desearía tener teléfono! Debes ir hasta allí y ver si puedes traer una ambulancia. Yo me quedaré con la abuela.

Capítulo 3
Hielo y frío

Frank salió del apartamento corriendo, bajó las escaleras y salió a la calle sintiendo que tenía una tarea importante que realizar. Llegó a la esquina, dobló y corrió tres cuadras hasta el hospital. Al llegar, le dijeron que todas las ambulancias estaban ocupadas. Frank se quedó estupefacto; no había imaginado esa posibilidad. La mujer que estaba de guardia tomó su nombre y dirección y le prometió enviar una ambulancia tan pronto como pudiera.

—Mientras tanto, mantén a tu abuela fresca —explicó—. Eso es lo más importante.

Frank caminó hacia su casa y le contó a Alberta lo que la mujer le había dicho.

—Pero ¿cómo podemos mantenerla fresca cuando hace tanto calor? —preguntó.

—Quédate con la abuela —dijo Alberta—. Humedece el paño. Regresaré tan pronto como pueda.

Enseguida, Alberta estaba en la infernal calle. Comenzó a caminar hacia el parque pensando qué debería hacer. Tal vez debía ir a buscar a su madre a la fábrica. Pensó un poco más y decidió no hacerlo. Si su madre salía del trabajo más temprano, podría ocasionarle problemas, y sería tremendo para todos si lo perdiera.

Entonces, Alberta divisó un maravilloso espectáculo: un carro desplazándose por la calle.

—¡Un camión con hielo! —exclamó con alegría—. ¡Eso ayudará a la abuela!

Comenzó a correr tras él a pesar del calor. El camión se detuvo y, rápidamente, se formó una fila de personas. Sintiéndose como si estuviese en llamas, después de haber corrido en medio del calor, Alberta se puso en la fila. Al fin, llegó su turno.

—Llevarás hielo por valor de un penique, ¿verdad? —dijo el vendedor de hielo—. Será todo lo que puedas llevar tu sola.

—No tengo un penique —respondió Alberta—, pero ¿podría darme un bloque de hielo? Mi abuela está sufriendo mucho el calor, y estoy segura de que el hielo la ayudará. No podemos conseguir nada fresco.

Detective del lenguaje

Vuelve a escribir la frase subrayada usando las y calles en vez de la y calle. ¿Cómo cambia el adjetivo? ¿Por qué?

ICE

—Bueno, a decir verdad, el penique es solo una formalidad —explicó el vendedor de hielo—. El ayuntamiento paga por el hielo para ayudar a las personas en esta ola de calor, porque muchas de ellas están sufriendo de hipertermia. ¡Los hospitales están colmados de enfermos! Tu abuela también podría tener hipertermia. Entonces, aquí tienes. Lleva esto a tu casa tan pronto como puedas. Usa el hielo para ayudar a refrescar a tu abuela.

Le dio a Alberta un enorme bloque de hielo envuelto en periódico.

—Gracias —dijo Alberta sinceramente. El hielo se sentía maravillosamente frío, incluso a través de su envoltura. Abrazó fuerte el paquete y fue a su casa tan rápido como pudo.

—¿Cómo está la abuela? —preguntó Alberta al entrar al apartamento y hallar a Frank sentado solo a la mesa.

—La abuela estuvo diciendo cosas raras —comentó Frank—. No creo que tenga sentido lo que dijo. Seguí humedeciendo el paño, tal como me indicaste, pero me dijo que me fuera y que la dejara sola.

Frank parecía más calmo. Se había sentido aterrorizado por quedarse solo con su abuela enferma. Alberta lo abrazó. Después de todo, solo tenía ocho años.

—No te preocupes —dijo—. Traje algo maravilloso.

—¿Qué es? —preguntó Frank, animándose de inmediato.

—Cierra los ojos y extiende las manos —dijo Alberta, y puso el hielo envuelto en sus calurosas y pegajosas manos.

—¡Hielo! —exclamó él abriendo los ojos.

—Sí —dijo Alberta, sonriendo—. El amable vendedor de hielo nos dio un bloque, a pesar de que yo no tenía un penique para pagarle. Vamos, enfriemos algo de agua para la abuela.

Alberta puso el bloque de hielo en un recipiente y encontró el pequeño picahielos que su madre guardaba en un cajón. Picó algunos trozos y los puso dentro de un vaso con agua. Después, picó otros más y los envolvió con un paño limpio.

—Aquí tienes, abuela —dijo Alberta, entrando a la habitación—. ¡Al fin, agua fría!

La abuela estaba acostada con los ojos cerrados. Alberta se acercó a ella y, con cuidado, tomó la temperatura de su frente antes de ponerle el hielo.

—Oh, gracias, querida —dijo la abuela, abriendo los ojos y sonriendo a Alberta—. Se siente maravillosamente frío.

Detective del lenguaje

Halla el sustantivo manos. ¿Cómo serían los adjetivos si el sustantivo fuera pies? ¿Por qué?

Alberta le dio el vaso con agua helada. La abuela tomó un sorbo y, de a poco, comenzó a recuperarse.

—No sé qué fue lo que me pasó —dijo—. Me sentí muy mareada y descompuesta. Mi cabeza estaba a punto de estallar.

—Creo que tuviste hipertermia, abuela —explicó Alberta—. Estuviste *muy* descompuesta. Frank y yo estábamos tan preocupados que hasta llamamos a una ambulancia.

—Ahora me siento mucho mejor —respondió la abuela.

Entonces, los niños oyeron a sus padres entrar y corrieron hacia ellos para contarles lo que había sucedido. Frank le sirvió un vaso con agua helada a cada uno.

—Estoy muy orgullosa de ustedes dos —dijo la mamá—. Estaba preocupada por haberlos dejado aquí varados cuidando a la abuela sin ningún adulto que pudiera ayudar. Pero, ¡realmente mantuvieron la calma!

—También tengo buenas noticias —dijo el papá—. Hoy conseguí más trabajo. Lo seguiré realizando hasta que la fábrica abra de nuevo. Y si confiamos en el pronóstico del tiempo, la ola de calor terminará en unos tres días.

Respuesta a la lectura

Resumir

Usa detalles importantes del cuento para resumir los sucesos principales de *El verano más caluroso*. Usa la tabla como ayuda.

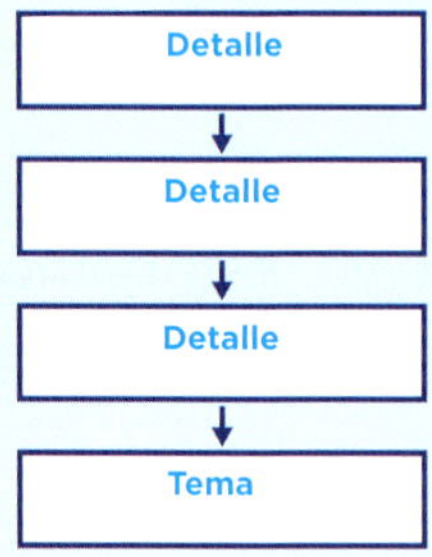

Evidencia en el texto

1. ¿Cómo sabes que este cuento es una ficción histórica? Identifica una característica que te lo indique. **GÉNERO**

2. ¿Qué problemas causa el tiempo para Alberta y su familia? **TEMA**

3. ¿Qué significa la frase "sacaban de quicio" en la página 2? Usa las claves en el texto para hallar su significado. **MODISMOS**

4. Escribe sobre el tema de este cuento. ¿Qué detalles usa la autora para que el mensaje sea claro? **ESCRIBIR SOBRE LA LECTURA**

Género Fábula

Compara los textos

Lee sobre cómo el tiempo afectó a una golondrina y a un cuervo.

La golondrina y el cuervo

Un hermoso día de verano, dos amigos, que en este caso eran una golondrina y un cuervo, estaban discutiendo.

—Mis plumas son mucho más hermosas que las tuyas —afirmó la golondrina. Se arregló las plumas con el pico y estiró un ala delicadamente cónica, a la cual observaba con admiración—. ¡Qué desafortunado eres de tener plumas negras y feas!

—No gastes saliva inútilmente al compadecerte de mí, golondrina —dijo el cuervo, esponjando sus plumas—. Tal vez mis plumas no sean hermosas, pero son fuertes y cálidas. No creo que jamás gane un concurso de belleza, pero mis plumas me son muy útiles y estoy totalmente conforme con ellas.

—Bueno, no voy a discutir contigo, amigo. —La golondrina hizo un gesto de desprecio al irse revoloteando—. ¡Es verdad que jamás ganarás un concurso de belleza!

El cuervo se encogió de hombros y voló agitando sus alas de bordes irregulares.

El tiempo pasó y vino el frío. El otoño había llegado. El viento soplaba a través de los árboles, y la golondrina comenzó a tiritar.

—Ya no hace mucho calor aquí —le dijo al cuervo—. Creo que es mejor que me mude a algún lugar donde haya sol.

Al cuervo no lo afectaba el tiempo. Tal como le había dicho a la golondrina, su apagado plumaje negro lo abrigaba y lo protegía del frío. Cada vez hacía más frío, y la golondrina no dejaba de tiritar.

—Ya es suficiente. Me voy —le dijo al cuervo—. No puedo vivir con este frío. Te veré la próxima primavera.

El cuervo observó a la golondrina irse revoloteando en busca del sol. "Los amigos en las buenas no valen la pena", comentó el cuervo para sí.

Moraleja: Lo que solo sirve para presumir, no es valioso en realidad.

Haz conexiones

¿Qué papel desempeñó el tiempo en *La golondrina y el cuervo*? ¿Qué es un "amigo en las buenas"? **PREGUNTA ESENCIAL**

¿Cómo nos afecta el tiempo? Usa ejemplos de *El verano más caluroso* y *La golondrina y el cuervo* para justificar tu respuesta. **EL TEXTO Y OTROS TEXTOS**

Enfoque: Género

Ficción histórica La ficción histórica cuenta una historia ambientada en el pasado. Los ambientes son realistas y se toman de la historia. Además, pueden tener personajes históricos reales, pero la mayoría de los personajes son, generalmente, inventados.

Lee y descubre *El verano más caluroso* cuenta una historia ambientada en el pasado. La autora investigó historias de personas afectadas por la ola de calor en Chicago de 1936 y usó hechos de esas historias para contar este cuento.

Tu turno

Investiga un fenómeno climático, como una sequía, una ola de calor o una inundación, que haya sucedido en tu área en el pasado. Escribe un cuento usando los hechos sobre los que investigaste. Haz que tus personajes actúen del mismo modo en que pudieron haberlo hecho las personas en el pasado. También podrías incluir detalles realistas sobre la clase de vestimenta que usaban, las casas donde vivían y los medios de transporte que usaban.